VÍCTOR MANUEL FERNÁNDEZ

NOVENA REZANDO PELA FAMÍLIA

EDITORA
SANTUÁRIO

Tradução: Fr Rogério Gomes, C.Ss.R
Copidesque: Elizabeth dos Santos Reis
Diagramação: Simone A. Ramos de Godoy
Projeto gráfico e capa: Marco Antônio Santos Reis

Título original: *Novena para orar por la familia*
© Ediciones Dabar, S.A. de C.V., México, 2002
ISBN 970-652-270-0

ISBN 85-7200-934-5

10ª impressão

Todos os direitos em língua portuguesa
reservados à **EDITORA SANTUÁRIO** – 2017

Rua Padre Claro Monteiro, 342 – 12570-000 – Aparecida-SP
Tel.: 12 3104-2000 – Televendas: 0800 16 00 04
www.editorasantuario.com.br
vendas@editorasantuario.com.br

Uma forma de amar nossos entes queridos é rezar por eles. Esta novena apresenta para cada dia um motivo diferente para orar por eles, abraçando assim as diversas necessidades que possam ter e colocando-os totalmente nos braços amorosos e protetores do Senhor.

Primeiro dia

Para que tenham saúde

1. Sinal da Cruz

2. Invocação

Senhor, tu me presenteaste com meus entes queridos. Dá-me a graça de confiar em ti, para que possa entregá-los em teus braços durante esta novena. Porque só tu sabes do que mais precisam e tens poder para protegê-los e libertá-los de todo o mal.

3. Texto bíblico

"Lázaro caiu doente em Betânia onde estavam Maria e sua irmã Marta... Seu irmão Lázaro estava enfermo. As irmãs mandaram dizer a Jesus: 'Senhor, aquele a quem amas está doente'" *(Jo 11,1-3)*.

4. Meditação

Quando um ente querido adoece, a Bíblia nos ensina que devemos levá-lo ao médico *(cf. Eclo 38,12-13)*, mas também rogar ao Senhor para que o cure *(38,9)*.

Sabemos que Jesus tem o poder de curar e que ama a seus filhos que sofrem. Portanto, se realmente lhes é conveniente, o Senhor pode escutar nossa prece e dar-lhes saúde. E isso de muitas maneiras: iluminando o médico, potenciando o poder de um remédio ou do tratamento, curando as feridas da alma que poderiam provocar a enfermidade, etc. Por isso, se sabemos que um ser querido está enfermo ou que algum órgão de seu corpo está enfraquecendo, podemos rogar ao Senhor que derrame sobre ele a saúde. Podemos também suplicar com toda a confiança em favor dos que estão sãos, pedindo que sejam fortalecidos e preservados da doença.

5. Pai-Nosso e Ave-Maria

6. Oração final

Senhor, deixo meus entes queridos em tuas santíssimas e gloriosíssimas mãos. Fortalece-os e cura toda a sua enfermidade. Passa, com tua força divina, por todos os seus órgãos, derramando vida e livrando-os de todo o mal, pelo poder do sangue precioso de Cristo, derramado na cruz. Amém.

Segundo dia

Para que haja diálogo e harmonia entre nós

1. Sinal da Cruz

2. Invocação
Espírito Santo, eu te peço, por teu infinito amor, que te faças presente em minha família, porque onde estás reina a harmonia. Vem, Senhor, para que possamos viver como viveram unidos Jesus, Maria e José.

3. Texto bíblico
"Afastai de vós toda dureza, irritação, cólera, gritaria, blasfêmia e toda malícia. Sede antes bondosos uns para com os outros, compassivos, perdoando-vos mutuamente, como Deus vos perdoou em Cristo" *(Ef 4,31-32)*.

4. Meditação
Às vezes sofremos porque em nossa família não

há comunicação ou porque não sabemos expressar afeto. Pode acontecer também que haja discórdias, ciúmes, rancores, maus-tratos, deixando em nós um sabor amargo. Faltam generosidade, renúncias e imaginação para conseguir, pouco a pouco, maior harmonia. Mas nossos esforços produzem pouco, sem a graça de Deus que toca os corações. Por isso a harmonia familiar é também um dom que temos de pedir todo dia, rogando ao Espírito Santo que faça presente Jesus entre nós.

5. Pai-Nosso e Ave-Maria

6. Oração final
Senhor Jesus, tu que viveste uma maravilhosa experiência de amor, de paz e de serviço em teu lar de Nazaré, derrama tua graça sobre nossa família e concede-nos um espírito de compreensão, de diálogo e afeto. Amém.

Terceiro dia

Para que tenham trabalho e êxito em seus empreendimentos

1. Sinal da Cruz

2. Invocação
Senhor, quero desejar o melhor para meus entes queridos. Ilumina-me para que possa descobrir do que eles mais necessitam. E quero deixá-los em tuas mãos, para que os ajudes a triunfar na vida, para que tenham o que mais lhes falta para serem felizes.

3. Texto bíblico
"Em todas as circunstâncias bendize ao Senhor Deus. Pede-lhe que se tornem retos os teus caminhos e tenham êxito todos os teus roteiros e planos" *(Tb 4,19).*

4. Meditação
Às vezes julgamos saber o que seja o melhor

para nossos entes queridos e assim planejamos e controlamos suas vidas. Esquecemo-nos de que são eles que devem fazer seu próprio caminho e que, às vezes, também os fracassos ensinam e amadurecem as pessoas. A nós compete, muitas vezes, dar um conselho ou uma opinião e ajudá-los no que podemos. O mais importante, porém, é pedir ao Senhor sua luz e sua graça para que eles mesmos possam descobrir que isto é o que os fará realmente felizes e onde lhes convém buscar uma saída.

5. Pai-Nosso e Ave-Maria

6. Oração final

Senhor, cuida de meus entes queridos. Que não lhes faltem trabalho e uma oportunidade para se desenvolverem como pessoas. Concede-lhes que possam realizar seus sonhos mais preciosos, que se sintam úteis e fecundos e que, a cada dia, descubram melhor o que tu queres para eles. Amém.

Quarto dia

Para que sejam protegidos de todo o mal

1. Sinal da Cruz

2. Invocação

Senhor, és forte, és minha rocha, minha fortaleza, minha proteção. Quero entregar-te agora todos os meus entes queridos, para que, com tua proteção, estejam seguros; para que ninguém e nada possa fazer-lhes mal. Eu te peço, Senhor, para que te faças presente em suas vidas.

3. Texto bíblico

"O Senhor te livrará da rede do caçador e da epidemia funesta. Ele te cobrirá com suas plumas e debaixo de suas asas te abrigarás; sua fidelidade é escudo e couraça. Não temerás o pavor da noite nem a flecha que voa de dia, nem a epidemia que ronda no escuro nem a peste que devasta ao meio-dia" *(Sl 91,3-6)*.

4. Meditação

Sempre nos preocupamos com a segurança de nossos entes queridos e tememos que lhes façam mal. Não podemos, porém, estar permanentemente pensando nos perigos nem controlando-os. Por isso, para estar em paz, o melhor é entregá-los ao Senhor e confiá-los a sua proteção. Assim tudo o que lhes suceder será para seu bem. Porque também quando o Senhor permite algum mal é para que dele se possa tirar o bem.

5. Pai-Nosso e Ave-Maria

6. Oração final

Senhor, eu te peço que manifestes esse poder infinito que tens, auxiliando meus entes queridos e ajudando-os para que sejam protegidos de todo o mal. Tem piedade, Senhor, e com tua força constrói ao redor deles uma cerca invisível, para que nenhum mal possa atingi-los. Porque tu tens o imenso poder que criou todo o universo. Amém.

Quinto dia

Para que sejam curados interiormente e tenham alegria, paz e esperança

1. **Sinal da Cruz**

2. **Invocação**
Senhor, hoje venho pedir-te que meus entes queridos sejam felizes. Tu sabes o que prende e angustia seus corações. Tu podes ver as feridas que aí estão e que não os deixa desfrutar plenamente da vida. E só tu podes curá-los. Entra neles, Senhor!

3. **Texto bíblico**
"Por que estás abatida, ó minha alma, e gemes dentro de mim? Espera em Deus! Ainda o aclamarei: 'Salvação de minha face e meu Deus!'" *(Sl 42, 6-7).*

4. **Meditação**
Assim como cada um de nós pode invocar o Senhor

para curar as angústias de sua alma, pode também orar por seus entes queridos, para que o Senhor os cure de suas angústias, de seus medos, de suas lembranças dolorosas e de suas tristezas. Tudo o que podem trazer dentro que não lhes permite sentir-se livres, alegres, serenos. Podemos recordá-los, um a um, e imaginar que o Senhor passa sua mão ou sopra em seu interior, acalmando o que está agitado ou curando as feridas interiores de seu coração. Porque não basta orar para que os entes queridos resolvam seus problemas. Precisam também curar seus corações cheios de feridas, de recordações negativas, de perturbações estranhas.

5. Pai-Nosso e Ave-Maria

6. Oração final

Senhor, mais uma vez apresento-te meus entes queridos. Tu sabes o que eles têm em seus corações. Conheces seus sofrimentos secretos e tudo o que não vai bem dentro deles. E só tu podes entrar neste mundo interior e tens o poder de curar as enfermidades da alma. Derrama alegria onde há tristeza, paz onde há perturbação, esperança onde há medo ou angústia. Amém.

Sexto dia

Para que sejam fortes diante dos problemas

1. **Sinal da Cruz**

2. **Invocação**
Sei, Senhor, que meus entes queridos terão problemas e que nem tudo lhes será um mar de rosas, pois as dificuldades fazem parte da vida e são os desafios que nos fazem crescer. Por isso hoje te peço: faze-os fortes para que nada os derrube e possam enfrentar com valentia os momentos difíceis.

3. **Texto bíblico**
"Ardentemente te amo, Senhor, minha força, minha rocha, minha fortaleza e meu refúgio, meu Deus, rochedo em que me abrigo, meu escudo, meu penedo de salvação, meu baluarte! Invoco o Senhor, que é digno de ser louvado, e dos inimigos serei salvo" *(Sl 18,2-4).*

4. Meditação

Nem todos enfrentam os problemas da mesma forma. Às vezes diante do mesmo problema há quem se desespera e cruza os braços e há também quem o enfrenta com entusiasmo e serenidade. Se confiamos no poder do Senhor, nós nos sentiremos muito mais seguros diante das dificuldades. Por isso é muito importante pedir ao Senhor que encha com sua força nossos entes queridos para que sofram menos, quando tiverem de enfrentar as dificuldades da vida.

5. Pai-Nosso e Ave-Maria

6. Oração final

Senhor, penetra com teu imenso poder no interior de meus entes queridos. Faça os firmes, fortes, serenos ante os embates da vida, para que sejam decididos e seguros diante dos problemas que devam resolver. Amém.

Sétimo dia

Para que seu caráter seja mais agradável

1. **Sinal da Cruz**

2. Invocação
Senhor, às vezes gostaria que meus entes queridos melhorassem seu caráter. Por vezes são agressivos e, outras vezes, pouco comunicativos. Sei que não posso fazê-los de acordo com meu gosto e que eles têm direito de serem diferentes. Sei também que tu podes ajudá-los a burilar esse caráter, para serem mais amáveis, mais serviçais, mais agradáveis. Ajuda-os, Senhor!

3. Textos bíblicos
"Vós, porém, como eleitos, santos e amados de Deus, revesti-vos de sentimentos de carinhosa compaixão, bondade, humildade, mansidão, paciência. Suportai-vos uns aos outros"... *(Cl 3,12-13)*.

"Vivei em boa harmonia uns com os outros... Vivei em paz com todos os homens" *(Rm 12,16.18)*.

4. Meditação

Podemos aconselhar nossos entes queridos ou convidá-los a serem mais amáveis com os outros. Mas muitas vezes nossas palavras não caem bem, ofendem ou molestam. Por isso convém pedir luz ao Senhor para encontrar a palavra justa e o momento certo, mas também rezar por eles ao Senhor e pedir-lhe que, com sua graça, os vá mudando pouco a pouco.

5. Pai-Nosso e Ave-Maria

6. Oração final

Senhor, alguns de meus entes queridos são nervosos ou impacientes. Outros, tímidos e pouco comunicativos. Tu conheces as dificuldades que têm para tratar com os outros. Por isso te peço que os ensine a doçura e que melhores seu caráter. Para que aprendam a comunicar-se com os demais e saibam viver bem em sociedade. Amém.

Oitavo dia

Para que encontrem o amor de Deus

1. Sinal da Cruz

2. Invocação
Senhor, sei que meus entes queridos necessitam de teu amor, porque nos criaste para ti e nosso coração estará inquieto, enquanto não repousar em ti. Por isso te peço: faze-os conhecer as maravilhas de teu amor.

3. Texto bíblico
"Ó Deus, tu és meu Deus; a ti procuro, de ti tem sede minha alma; minha carne por ti anseia como a terra ressequida, sequiosa, sem água... Porque teu amor vale mais que a vida, meus lábios te louvarão" *(Sl 63,2.4).*

4. Meditação
Somos feitos para um amor infinito, que é o

amor de Deus. Nem sempre podemos descobri-lo e nossa vida é vazia sem ele. E nos iludimos com as coisas deste mundo, pois não nos deixam satisfeitos. Por isso, o melhor que podemos fazer é desejar que nossos entes queridos descubram e experimentem o amor de Deus, que conheçam o Deus que os ama, o Deus que por amor os sustenta a cada dia.

5. Pai-Nosso e Ave-Maria

6. Oração final
Senhor, mostra teu amor a meus entes queridos; fascina-os. Não permitas que vivam sem teu amor. Ajuda-os a descobrir tua infinita ternura para que se lancem felizes em teus braços. Amém.

Nono dia

Para que sejam cada vez melhores

1. Sinal da Cruz

> **2. Invocação**
> *Deus amado, pedes que busquemos a perfeição, que não fiquemos parados. Por isso desejo que meus entes queridos amadureçam, cresçam, e se entreguem mais a ti e sejam cada vez melhores. Ajuda-os, Senhor!*

3. Texto bíblico

"Irmãos, sede alegre, trabalhai em aperfeiçoar-vos, deixai-vos exortar, tende um mesmo sentir, vivei em paz..." *(2Cor 13,11).*

"Rogamos, irmãos, que vos aperfeiçoeis cada vez mais" *(1Ts 4,10).*

4. Meditação

Não podemos deixar de nos superar, porque aquele que renuncia a ser melhor perde a alegria, o entusiasmo, deixa de viver. Por isso é de nosso interesse que nossos entes queridos desejem ser melhores, tenham o sonho de agradar mais e mais ao Senhor, tenham a expectativa de crescer na fé, no amor, na generosidade, e sigam superando seus vícios, pecados e fraquezas.

5. Pai-Nosso e Ave-Maria

6. Oração final

Senhor, coloca no coração de meus entes queridos a santa inquietude de mudar, de se superar, o desejo de corrigir seus defeitos, vícios e egoísmo. Dá-lhes a nobre preocupação para que possam sentir-se cada dia mais vivos. Amém.

Índice

Primeiro dia
Para que tenham saúde.................................. 4

Segundo dia
Para que haja diálogo e harmonia entre nós ... 6

Terceiro dia
Para que tenham trabalho e êxito
em seus empreendimentos 8

Quarto dia
Para que sejam protegidos de todo o mal...... 10

Quinto dia
Para que sejam curados interiormente
e tenham alegria, paz e esperança 12

Sexto dia
Para que sejam fortes diante dos problemas... 14

Sétimo dia
Para que seu caráter seja mais agradável 16

Oitavo dia
Para que encontrem o amor de Deus 18

Nono dia
Para que sejam cada vez melhores 20

A marca FSC® é a garantia de que a madeira utilizada na fabricação do papel deste livro provém de florestas que foram gerenciadas de maneira ambientalmente correta, socialmente justa e economicamente viável.

Este livro foi composto com a família tipográfica Arial e Bembo e impresso em papel offset 75g/m² pela **Gráfica Santuário**.